Thomas Grosjean

ZeitSpendenBuch

Thomas Grosjean

ZeitSpendenBuch

Persönliches Engagement wertschätzen!

Bibliografische Information der Deutschen Nationalbibliothek:
Die Deutsche Nationalbibliothek verzeichnet diese Publikation
in der Deutschen Nationalbibliografie; detaillierte bibliografische Daten sind im Internet über http://dnb.dnb.de abrufbar.

Es wird darauf verwiesen, dass alle Angaben in diesem Fachbuch trotz sorgfältiger Bearbeitung ohne Gewähr erfolgen und eine Haftung des Autors oder des Verlages ausgeschlossen ist.

www.Fundraising-Motivator.de

Herstellung und Verlag: BoD – Books on Demand, Norderstedt

ISBN: 9783738659481

ZeitSpendenBuch

von

____

geboren am ________ in __________

Adresse ________________________

Zeitraum: ______________________

Inhaltsverzeichnis

Vorwort

Das Engagement von Freiwilligen ist in Deutschland nach wie vor hoch. In regelmäßigen Abständen wird dies vom Bundesministerium für Familie, Senioren, Frauen und Jugend durch Freiwilligensurveys analysiert. Bisher sind diese Surveys in 1999, 2004 und 2009 erhoben worden.

In 2009 wurden insgesamt ca. 20.000 Interviews geführt und ausgewertet. Die Interviews beziehen alle Bundesländer ein und beginnen bei Jugendlichen ab 14 Jahren bis hin zu den Senioren.

Die Arbeit der Freiwilligen bezieht sich auf folgende Bereiche:

- Sport und Bewegung
- Freizeit und Geselligkeit
- Kultur, Kunst, Musik
- Sozialer Bereich
- Kindergarten und Schule
- Religion und Kirche
- Berufliche Interessenvertretung
- Natur- und Umweltschutz
- Jugendarbeit und Erwachsenenbildung
- Lokales Bürgerengagement
- Freiwillige Feuerwehr und Rettungsdienste
- Politische Interessenvertretung
- Gesundheit
- Kriminalitätsprobleme

Das Engagement ist also sehr vielfältig und geprägt von einer hohen Verbindlichkeit der Akteure. Die Freiwilligen engagieren sich langfristig und mit einer großen Regelmäßigkeit.

Erkennbar ist ein Potential von bisher nicht engagierten Personen, die sich eine zukünftige Mitarbeit gut vorstellen können.

Die Motive der Freiwilligen sind vielfältig. Auffällig ist jedoch, dass die gesellschaftliche Mitgestaltung im Kleinen, das Zusammentreffen mit anderen Menschen, Qualifikationserwerb, Ansehen und Einfluss im eigenen Lebensumfeld sowie beruflicher Nutzen des Freiwilligenengagements einen Einfluss haben.

Der Bereich der Jugend leidet unter dem schwierigen Zeitmanagement durch Ganztagsschule und G8-Gymnasien. Die Motivation ist jedoch nach wie vor hoch.

Die Freiwilligen erheben zunehmend höhere Ansprüche und wünschen sich genügend Spielräume für Mitbestimmung und bessere Informations- und Beratungsangebote.

Hinweise zur Benutzung

Engagierte Menschen beschränken sich in der Regel nicht auf eine einzelne Aktivität. Häufig sind sie in verschiedenen Organisationen und Vereinen aktiv und bringen ihre Zeit und Wissen ein.

Andererseits sind sie begehrte Unterstützer in der ehrenamtlichen Arbeit und werden von vielen Organisationen aktiv angesprochen und umworben.

Um die Übersicht über all diese Aktivitäten nicht zu verlieren und diese chronologisch festzuhalten, steht Ihnen dieses Buch zur Verfügung.

Lassen Sie sich regelmäßig die geleistete Arbeit und Ihr Engagement dokumentieren.

Zu einem späteren Zeitpunkt kann ein solcher Nachweis auch persönlichen Nutzen haben. Einerseits belegen die Bestätigungen die Art und Weise Ihres Engagements und die dadurch erworbenen Kenntnisse und Fähigkeiten. Andererseits stärken diese Aktivitäten Ihre soziale Kompetenz im Umgang mit Menschen.

Arbeitgeber schätzen dieses Engagement außerordentlich und können Ihre Persönlichkeit noch besser einschätzen.

Bestätigung und Dank

Herr/Frau ___________________________________

hat aktiv mitgearbeitet und unsere Arbeit unterstützt.

Organisation und Kurzbeschreibung:

____

____

Umfang:

O täglich   O wöchentlich   O monatlich
O ganzjährig O projektbezogen
O insgesamt _______________ Stunden
O Zeitraum von ___________ bis ___________

Beschreibung der Tätigkeit:

____

____

____

Erworbene Fähigkeiten / Fortbildung:

____

____

____

Organisation (Datum + Stempel/Unterschrift)

Bestätigung und Dank

Herr/Frau ________________________________

hat aktiv mitgearbeitet und unsere Arbeit unterstützt.

Organisation und Kurzbeschreibung:

____

____

Umfang:

O täglich   O wöchentlich   O monatlich
O ganzjährig O projektbezogen
O insgesamt _______________ Stunden
O Zeitraum von ___________ bis ___________

Beschreibung der Tätigkeit:

____

____

____

Erworbene Fähigkeiten / Fortbildung:

____

____

____

Organisation (Datum + Stempel/Unterschrift)

Bestätigung und Dank

Herr/Frau _______________________________

hat aktiv mitgearbeitet und unsere Arbeit unterstützt.

Organisation und Kurzbeschreibung:

____

____

Umfang:
O täglich   O wöchentlich   O monatlich
O ganzjährig O projektbezogen
O insgesamt _______________ Stunden
O Zeitraum von ___________ bis ___________

Beschreibung der Tätigkeit:

____

____

____

Erworbene Fähigkeiten / Fortbildung:

____

____

____

Organisation (Datum + Stempel/Unterschrift)

Bestätigung und Dank

Herr/Frau _____________________________________

hat aktiv mitgearbeitet und unsere Arbeit unterstützt.

Organisation und Kurzbeschreibung:

____

____

Umfang:
O täglich   O wöchentlich   O monatlich
O ganzjährig O projektbezogen
O insgesamt _____________ Stunden
O Zeitraum von __________ bis __________

Beschreibung der Tätigkeit:

____

____

____

Erworbene Fähigkeiten / Fortbildung:

____

____

____

Organisation (Datum + Stempel/Unterschrift)

Bestätigung und Dank

Herr/Frau ________________________________

hat aktiv mitgearbeitet und unsere Arbeit unterstützt.

Organisation und Kurzbeschreibung:

____

____

Umfang:

O täglich   O wöchentlich   O monatlich
O ganzjährig O projektbezogen
O insgesamt ______________ Stunden
O Zeitraum von __________ bis __________

Beschreibung der Tätigkeit:

____

____

____

Erworbene Fähigkeiten / Fortbildung:

____

____

____

Organisation (Datum + Stempel/Unterschrift)

Bestätigung und Dank

Herr/Frau _______________________________________

hat aktiv mitgearbeitet und unsere Arbeit unterstützt.

Organisation und Kurzbeschreibung:

____

____

Umfang:
O täglich   O wöchentlich   O monatlich
O ganzjährig O projektbezogen
O insgesamt _______________ Stunden
O Zeitraum von _____________ bis ___________

Beschreibung der Tätigkeit:

____

____

____

Erworbene Fähigkeiten / Fortbildung:

____

____

____

Organisation (Datum + Stempel/Unterschrift)

Bestätigung und Dank

Herr/Frau _______________________________

hat aktiv mitgearbeitet und unsere Arbeit unterstützt.

Organisation und Kurzbeschreibung:

____
____

Umfang:
O täglich   O wöchentlich   O monatlich
O ganzjährig O projektbezogen
O insgesamt _______________ Stunden
O Zeitraum von ___________ bis ___________

Beschreibung der Tätigkeit:

____
____
____

Erworbene Fähigkeiten / Fortbildung:

____
____
____

Organisation (Datum + Stempel/Unterschrift)

Bestätigung und Dank

Herr/Frau ________________________________

hat aktiv mitgearbeitet und unsere Arbeit unterstützt.

Organisation und Kurzbeschreibung:

____

____

Umfang:
O täglich   O wöchentlich   O monatlich
O ganzjährig O projektbezogen
O insgesamt ______________ Stunden
O Zeitraum von ___________ bis __________

Beschreibung der Tätigkeit:

____

____

____

Erworbene Fähigkeiten / Fortbildung:

____

____

____

Organisation (Datum + Stempel/Unterschrift)

Bestätigung und Dank

Herr/Frau ___________________________________

hat aktiv mitgearbeitet und unsere Arbeit unterstützt.

Organisation und Kurzbeschreibung:

____

____

Umfang:

O täglich   O wöchentlich   O monatlich
O ganzjährig O projektbezogen
O insgesamt _______________ Stunden
O Zeitraum von ___________ bis ___________

Beschreibung der Tätigkeit:

____

____

____

Erworbene Fähigkeiten / Fortbildung:

____

____

____

Organisation (Datum + Stempel/Unterschrift)

Bestätigung und Dank

Herr/Frau _______________________________________

hat aktiv mitgearbeitet und unsere Arbeit unterstützt.

Organisation und Kurzbeschreibung:

____

____

Umfang:

O täglich   O wöchentlich   O monatlich
O ganzjährig O projektbezogen
O insgesamt _______________ Stunden
O Zeitraum von ___________ bis ___________

Beschreibung der Tätigkeit:

____

____

____

Erworbene Fähigkeiten / Fortbildung:

____

____

____

Organisation (Datum + Stempel/Unterschrift)

Bestätigung und Dank

Herr/Frau ______________________________

hat aktiv mitgearbeitet und unsere Arbeit unterstützt.

Organisation und Kurzbeschreibung:

____

____

Umfang:

O täglich   O wöchentlich   O monatlich
O ganzjährig O projektbezogen
O insgesamt ______________ Stunden
O Zeitraum von ____________ bis ____________

Beschreibung der Tätigkeit:

____

____

____

Erworbene Fähigkeiten / Fortbildung:

____

____

____

Organisation (Datum + Stempel/Unterschrift)

Bestätigung und Dank

Herr/Frau _______________________________

hat aktiv mitgearbeitet und unsere Arbeit unterstützt.

Organisation und Kurzbeschreibung:

____

____

Umfang:

O täglich   O wöchentlich   O monatlich
O ganzjährig O projektbezogen
O insgesamt _______________ Stunden
O Zeitraum von ___________ bis ___________

Beschreibung der Tätigkeit:

____

____

____

Erworbene Fähigkeiten / Fortbildung:

____

____

____

Organisation (Datum + Stempel/Unterschrift)

Bestätigung und Dank

Herr/Frau _________________________________

hat aktiv mitgearbeitet und unsere Arbeit unterstützt.

Organisation und Kurzbeschreibung:

____

____

Umfang:

O täglich   O wöchentlich   O monatlich
O ganzjährig O projektbezogen
O insgesamt _______________ Stunden
O Zeitraum von ___________ bis ___________

Beschreibung der Tätigkeit:

____

____

____

Erworbene Fähigkeiten / Fortbildung:

____

____

____

Organisation (Datum + Stempel/Unterschrift)

Bestätigung und Dank

Herr/Frau ____________________________________

hat aktiv mitgearbeitet und unsere Arbeit unterstützt.

Organisation und Kurzbeschreibung:

____

____

Umfang:
O täglich   O wöchentlich   O monatlich
O ganzjährig O projektbezogen
O insgesamt ______________ Stunden
O Zeitraum von __________ bis __________

Beschreibung der Tätigkeit:

____

____

____

Erworbene Fähigkeiten / Fortbildung:

____

____

____

Organisation (Datum + Stempel/Unterschrift)

Bestätigung und Dank

Herr/Frau _______________________________

hat aktiv mitgearbeitet und unsere Arbeit unterstützt.

Organisation und Kurzbeschreibung:

____

____

Umfang:
O täglich   O wöchentlich   O monatlich
O ganzjährig O projektbezogen
O insgesamt _______________ Stunden
O Zeitraum von ___________ bis ___________

Beschreibung der Tätigkeit:

____

____

____

Erworbene Fähigkeiten / Fortbildung:

____

____

____

Organisation (Datum + Stempel/Unterschrift)

Bestätigung und Dank

Herr/Frau ________________________________

hat aktiv mitgearbeitet und unsere Arbeit unterstützt.

Organisation und Kurzbeschreibung:

____

____

Umfang:

O täglich   O wöchentlich   O monatlich
O ganzjährig O projektbezogen
O insgesamt ______________ Stunden
O Zeitraum von __________ bis __________

Beschreibung der Tätigkeit:

____

____

____

Erworbene Fähigkeiten / Fortbildung:

____

____

____

Organisation (Datum + Stempel/Unterschrift)

Bestätigung und Dank

Herr/Frau _________________________________

hat aktiv mitgearbeitet und unsere Arbeit unterstützt.

Organisation und Kurzbeschreibung:

____

____

Umfang:

O täglich   O wöchentlich   O monatlich
O ganzjährig O projektbezogen
O insgesamt _______________ Stunden
O Zeitraum von ___________ bis ___________

Beschreibung der Tätigkeit:

____

____

____

Erworbene Fähigkeiten / Fortbildung:

____

____

____

Organisation (Datum + Stempel/Unterschrift)

Bestätigung und Dank

Herr/Frau _______________________________

hat aktiv mitgearbeitet und unsere Arbeit unterstützt.

Organisation und Kurzbeschreibung:

____

____

Umfang:

O täglich   O wöchentlich   O monatlich

O ganzjährig O projektbezogen

O insgesamt _____________ Stunden

O Zeitraum von __________ bis __________

Beschreibung der Tätigkeit:

____

____

____

Erworbene Fähigkeiten / Fortbildung:

____

____

____

Organisation (Datum + Stempel/Unterschrift)

Bestätigung und Dank

Herr/Frau _______________________________

hat aktiv mitgearbeitet und unsere Arbeit unterstützt.

Organisation und Kurzbeschreibung:

____

____

Umfang:

O täglich   O wöchentlich   O monatlich
O ganzjährig O projektbezogen
O insgesamt _______________ Stunden
O Zeitraum von ___________ bis ___________

Beschreibung der Tätigkeit:

____

____

____

Erworbene Fähigkeiten / Fortbildung:

____

____

____

Organisation (Datum + Stempel/Unterschrift)

Bestätigung und Dank

Herr/Frau ________________________________

hat aktiv mitgearbeitet und unsere Arbeit unterstützt.

Organisation und Kurzbeschreibung:

____

____

Umfang:

O täglich   O wöchentlich   O monatlich
O ganzjährig O projektbezogen
O insgesamt ______________ Stunden
O Zeitraum von __________ bis __________

Beschreibung der Tätigkeit:

____

____

____

Erworbene Fähigkeiten / Fortbildung:

____

____

____

Organisation (Datum + Stempel/Unterschrift)

Bestätigung und Dank

Herr/Frau ________________________________

hat aktiv mitgearbeitet und unsere Arbeit unterstützt.

Organisation und Kurzbeschreibung:

____

____

Umfang:
O täglich   O wöchentlich   O monatlich
O ganzjährig O projektbezogen
O insgesamt ________________ Stunden
O Zeitraum von ___________ bis ___________

Beschreibung der Tätigkeit:

____

____

____

Erworbene Fähigkeiten / Fortbildung:

____

____

____

Organisation (Datum + Stempel/Unterschrift)

Bestätigung und Dank

Herr/Frau _______________________________

hat aktiv mitgearbeitet und unsere Arbeit unterstützt.

Organisation und Kurzbeschreibung:

____

____

Umfang:
O täglich   O wöchentlich   O monatlich
O ganzjährig O projektbezogen
O insgesamt _______________ Stunden
O Zeitraum von _____________ bis ____________

Beschreibung der Tätigkeit:

____

____

____

Erworbene Fähigkeiten / Fortbildung:

____

____

____

Organisation (Datum + Stempel/Unterschrift)

Bestätigung und Dank

Herr/Frau ________________________________

hat aktiv mitgearbeitet und unsere Arbeit unterstützt.

Organisation und Kurzbeschreibung:

____

____

Umfang:

O täglich   O wöchentlich   O monatlich
O ganzjährig O projektbezogen
O insgesamt _____________ Stunden
O Zeitraum von _________ bis _________

Beschreibung der Tätigkeit:

____

____

____

Erworbene Fähigkeiten / Fortbildung:

____

____

____

Organisation (Datum + Stempel/Unterschrift)

Bestätigung und Dank

Herr/Frau ______________________________________

hat aktiv mitgearbeitet und unsere Arbeit unterstützt.

Organisation und Kurzbeschreibung:

____

____

Umfang:

O täglich   O wöchentlich   O monatlich
O ganzjährig O projektbezogen
O insgesamt ______________ Stunden
O Zeitraum von ___________ bis ___________

Beschreibung der Tätigkeit:

____

____

____

Erworbene Fähigkeiten / Fortbildung:

____

____

____

Organisation (Datum + Stempel/Unterschrift)

Bestätigung und Dank

Herr/Frau ______________________________________

hat aktiv mitgearbeitet und unsere Arbeit unterstützt.

Organisation und Kurzbeschreibung:

____

____

Umfang:
O täglich   O wöchentlich   O monatlich
O ganzjährig O projektbezogen
O insgesamt ______________ Stunden
O Zeitraum von ___________ bis ___________

Beschreibung der Tätigkeit:

____

____

____

Erworbene Fähigkeiten / Fortbildung:

____

____

____

Organisation (Datum + Stempel/Unterschrift)

Bestätigung und Dank

Herr/Frau ________________________________

hat aktiv mitgearbeitet und unsere Arbeit unterstützt.

Organisation und Kurzbeschreibung:

____

____

Umfang:

O täglich   O wöchentlich   O monatlich
O ganzjährig O projektbezogen
O insgesamt ____________ Stunden
O Zeitraum von _________ bis _________

Beschreibung der Tätigkeit:

____

____

____

Erworbene Fähigkeiten / Fortbildung:

____

____

____

Organisation (Datum + Stempel/Unterschrift)

Bestätigung und Dank

Herr/Frau _______________________________

hat aktiv mitgearbeitet und unsere Arbeit unterstützt.

Organisation und Kurzbeschreibung:

____

____

Umfang:
O täglich   O wöchentlich   O monatlich
O ganzjährig O projektbezogen
O insgesamt _______________ Stunden
O Zeitraum von ___________ bis ___________

Beschreibung der Tätigkeit:

____

____

____

Erworbene Fähigkeiten / Fortbildung:

____

____

____

Organisation (Datum + Stempel/Unterschrift)

Bestätigung und Dank

Herr/Frau _________________________________

hat aktiv mitgearbeitet und unsere Arbeit unterstützt.

Organisation und Kurzbeschreibung:

____

____

Umfang:
O täglich   O wöchentlich   O monatlich
O ganzjährig O projektbezogen
O insgesamt _______________ Stunden
O Zeitraum von ____________ bis ___________

Beschreibung der Tätigkeit:

____

____

____

Erworbene Fähigkeiten / Fortbildung:

____

____

____

Organisation (Datum + Stempel/Unterschrift)

Bestätigung und Dank

Herr/Frau _______________________________

hat aktiv mitgearbeitet und unsere Arbeit unterstützt.

Organisation und Kurzbeschreibung:

____

____

Umfang:

O täglich   O wöchentlich   O monatlich
O ganzjährig O projektbezogen
O insgesamt ______________ Stunden
O Zeitraum von __________ bis __________

Beschreibung der Tätigkeit:

____

____

____

Erworbene Fähigkeiten / Fortbildung:

____

____

____

Organisation (Datum + Stempel/Unterschrift)

Bestätigung und Dank

Herr/Frau ________________________________

hat aktiv mitgearbeitet und unsere Arbeit unterstützt.

Organisation und Kurzbeschreibung:

____

____

Umfang:

O täglich   O wöchentlich   O monatlich
O ganzjährig O projektbezogen
O insgesamt _____________ Stunden
O Zeitraum von __________ bis __________

Beschreibung der Tätigkeit:

____

____

____

Erworbene Fähigkeiten / Fortbildung:

____

____

____

Organisation (Datum + Stempel/Unterschrift)

Bestätigung und Dank

Herr/Frau _________________________________

hat aktiv mitgearbeitet und unsere Arbeit unterstützt.

Organisation und Kurzbeschreibung:

____

____

Umfang:
O täglich   O wöchentlich   O monatlich
O ganzjährig O projektbezogen
O insgesamt _______________ Stunden
O Zeitraum von ___________ bis ___________

Beschreibung der Tätigkeit:

____

____

____

Erworbene Fähigkeiten / Fortbildung:

____

____

____

Organisation (Datum + Stempel/Unterschrift)

Bestätigung und Dank

Herr/Frau ______________________________

hat aktiv mitgearbeitet und unsere Arbeit unterstützt.

Organisation und Kurzbeschreibung:

____

____

Umfang:
O täglich   O wöchentlich   O monatlich
O ganzjährig O projektbezogen
O insgesamt ______________ Stunden
O Zeitraum von ___________ bis ___________

Beschreibung der Tätigkeit:

____

____

____

Erworbene Fähigkeiten / Fortbildung:

____

____

____

Organisation (Datum + Stempel/Unterschrift)

Bestätigung und Dank

Herr/Frau _______________________________

hat aktiv mitgearbeitet und unsere Arbeit unterstützt.

Organisation und Kurzbeschreibung:

____

____

Umfang:
O täglich   O wöchentlich   O monatlich
O ganzjährig O projektbezogen
O insgesamt _______________ Stunden
O Zeitraum von ___________ bis ___________

Beschreibung der Tätigkeit:

____

____

____

Erworbene Fähigkeiten / Fortbildung:

____

____

____

Organisation (Datum + Stempel/Unterschrift)

Bestätigung und Dank

Herr/Frau ____________________________________

hat aktiv mitgearbeitet und unsere Arbeit unterstützt.

Organisation und Kurzbeschreibung:

____

____

Umfang:
O täglich   O wöchentlich   O monatlich
O ganzjährig O projektbezogen
O insgesamt ______________ Stunden
O Zeitraum von ___________ bis __________

Beschreibung der Tätigkeit:

____

____

____

Erworbene Fähigkeiten / Fortbildung:

____

____

____

Organisation (Datum + Stempel/Unterschrift)

Bestätigung und Dank

Herr/Frau _________________________________

hat aktiv mitgearbeitet und unsere Arbeit unterstützt.

Organisation und Kurzbeschreibung:

____

____

Umfang:
O täglich   O wöchentlich   O monatlich
O ganzjährig O projektbezogen
O insgesamt _______________ Stunden
O Zeitraum von ___________ bis ___________

Beschreibung der Tätigkeit:

____

____

____

Erworbene Fähigkeiten / Fortbildung:

____

____

____

Organisation (Datum + Stempel/Unterschrift)

Bestätigung und Dank

Herr/Frau ______________________________

hat aktiv mitgearbeitet und unsere Arbeit unterstützt.

Organisation und Kurzbeschreibung:

____

____

Umfang:

O täglich   O wöchentlich   O monatlich
O ganzjährig O projektbezogen
O insgesamt ______________ Stunden
O Zeitraum von __________ bis __________

Beschreibung der Tätigkeit:

____

____

____

Erworbene Fähigkeiten / Fortbildung:

____

____

____

Organisation (Datum + Stempel/Unterschrift)

Bestätigung und Dank

Herr/Frau _______________________________

hat aktiv mitgearbeitet und unsere Arbeit unterstützt.

Organisation und Kurzbeschreibung:

____

____

Umfang:
O täglich   O wöchentlich   O monatlich
O ganzjährig O projektbezogen
O insgesamt _______________ Stunden
O Zeitraum von ___________ bis ___________

Beschreibung der Tätigkeit:

____

____

____

Erworbene Fähigkeiten / Fortbildung:

____

____

____

Organisation (Datum + Stempel/Unterschrift)

Bestätigung und Dank

Herr/Frau _____________________________

hat aktiv mitgearbeitet und unsere Arbeit unterstützt.

Organisation und Kurzbeschreibung:

____

____

Umfang:

O täglich   O wöchentlich   O monatlich

O ganzjährig O projektbezogen

O insgesamt _____________ Stunden

O Zeitraum von _________ bis _________

Beschreibung der Tätigkeit:

____

____

____

Erworbene Fähigkeiten / Fortbildung:

____

____

____

Organisation (Datum + Stempel/Unterschrift)

Bestätigung und Dank

Herr/Frau _________________________________

hat aktiv mitgearbeitet und unsere Arbeit unterstützt.

Organisation und Kurzbeschreibung:

____

____

Umfang:

O täglich   O wöchentlich   O monatlich

O ganzjährig O projektbezogen

O insgesamt _______________ Stunden

O Zeitraum von ___________ bis ___________

Beschreibung der Tätigkeit:

____

____

____

Erworbene Fähigkeiten / Fortbildung:

____

____

____

Organisation (Datum + Stempel/Unterschrift)

Bestätigung und Dank

Herr/Frau _______________________________

hat aktiv mitgearbeitet und unsere Arbeit unterstützt.

Organisation und Kurzbeschreibung:

____

____

Umfang:
O täglich   O wöchentlich   O monatlich
O ganzjährig O projektbezogen
O insgesamt ______________ Stunden
O Zeitraum von ___________ bis ___________

Beschreibung der Tätigkeit:

____

____

____

Erworbene Fähigkeiten / Fortbildung:

____

____

____

Organisation (Datum + Stempel/Unterschrift)

Bestätigung und Dank

Herr/Frau ____

hat aktiv mitgearbeitet und unsere Arbeit unterstützt.

Organisation und Kurzbeschreibung:

____

____

Umfang:
O täglich   O wöchentlich   O monatlich
O ganzjährig O projektbezogen
O insgesamt _______________ Stunden
O Zeitraum von ___________ bis ___________

Beschreibung der Tätigkeit:

____

____

____

Erworbene Fähigkeiten / Fortbildung:

____

____

____

Organisation (Datum + Stempel/Unterschrift)

Bestätigung und Dank

Herr/Frau _______________________________

hat aktiv mitgearbeitet und unsere Arbeit unterstützt.

Organisation und Kurzbeschreibung:

____

____

Umfang:
O täglich   O wöchentlich   O monatlich
O ganzjährig O projektbezogen
O insgesamt _______________ Stunden
O Zeitraum von ___________ bis ___________

Beschreibung der Tätigkeit:

____

____

____

Erworbene Fähigkeiten / Fortbildung:

____

____

____

Organisation (Datum + Stempel/Unterschrift)

Bestätigung und Dank

Herr/Frau _________________________________

hat aktiv mitgearbeitet und unsere Arbeit unterstützt.

Organisation und Kurzbeschreibung:

____

____

Umfang:
O täglich   O wöchentlich   O monatlich
O ganzjährig O projektbezogen
O insgesamt _______________ Stunden
O Zeitraum von ___________ bis ___________

Beschreibung der Tätigkeit:

____

____

____

Erworbene Fähigkeiten / Fortbildung:

____

____

____

Organisation (Datum + Stempel/Unterschrift)

Bestätigung und Dank

Herr/Frau _______________________________

hat aktiv mitgearbeitet und unsere Arbeit unterstützt.

Organisation und Kurzbeschreibung:

____

____

Umfang:

O täglich   O wöchentlich   O monatlich
O ganzjährig O projektbezogen
O insgesamt _____________ Stunden
O Zeitraum von __________ bis __________

Beschreibung der Tätigkeit:

____

____

____

Erworbene Fähigkeiten / Fortbildung:

____

____

____

Organisation (Datum + Stempel/Unterschrift)

Bestätigung und Dank

Herr/Frau ___________________________________

hat aktiv mitgearbeitet und unsere Arbeit unterstützt.

Organisation und Kurzbeschreibung:

____

____

Umfang:
O täglich   O wöchentlich   O monatlich
O ganzjährig O projektbezogen
O insgesamt ______________ Stunden
O Zeitraum von __________ bis __________

Beschreibung der Tätigkeit:

____

____

____

Erworbene Fähigkeiten / Fortbildung:

____

____

____

Organisation (Datum + Stempel/Unterschrift)

Bestätigung und Dank

Herr/Frau ____

hat aktiv mitgearbeitet und unsere Arbeit unterstützt.

Organisation und Kurzbeschreibung:

____

____

Umfang:
O täglich   O wöchentlich   O monatlich
O ganzjährig O projektbezogen
O insgesamt ________________ Stunden
O Zeitraum von ____________ bis ____________

Beschreibung der Tätigkeit:

____

____

____

Erworbene Fähigkeiten / Fortbildung:

____

____

____

Organisation (Datum + Stempel/Unterschrift)

Bestätigung und Dank

Herr/Frau _______________________________

hat aktiv mitgearbeitet und unsere Arbeit unterstützt.

Organisation und Kurzbeschreibung:

____

____

Umfang:
O täglich   O wöchentlich   O monatlich
O ganzjährig O projektbezogen
O insgesamt _______________ Stunden
O Zeitraum von ___________ bis ___________

Beschreibung der Tätigkeit:

____

____

____

Erworbene Fähigkeiten / Fortbildung:

____

____

____

Organisation (Datum + Stempel/Unterschrift)

Bestätigung und Dank

Herr/Frau _______________________________________

hat aktiv mitgearbeitet und unsere Arbeit unterstützt.

Organisation und Kurzbeschreibung:

____

____

Umfang:
O täglich   O wöchentlich   O monatlich
O ganzjährig O projektbezogen
O insgesamt _______________ Stunden
O Zeitraum von ___________ bis ___________

Beschreibung der Tätigkeit:

____

____

____

Erworbene Fähigkeiten / Fortbildung:

____

____

____

Organisation (Datum + Stempel/Unterschrift)

Bestätigung und Dank

Herr/Frau _______________________________

hat aktiv mitgearbeitet und unsere Arbeit unterstützt.

Organisation und Kurzbeschreibung:

____

____

Umfang:
O täglich   O wöchentlich   O monatlich
O ganzjährig O projektbezogen
O insgesamt _____________ Stunden
O Zeitraum von _________ bis _________

Beschreibung der Tätigkeit:

____

____

____

Erworbene Fähigkeiten / Fortbildung:

____

____

____

Organisation (Datum + Stempel/Unterschrift)

Bestätigung und Dank

Herr/Frau _______________________________________

hat aktiv mitgearbeitet und unsere Arbeit unterstützt.

Organisation und Kurzbeschreibung:

____

____

Umfang:
O täglich   O wöchentlich   O monatlich
O ganzjährig O projektbezogen
O insgesamt _______________ Stunden
O Zeitraum von ___________ bis ___________

Beschreibung der Tätigkeit:

____

____

____

Erworbene Fähigkeiten / Fortbildung:

____

____

____

Organisation (Datum + Stempel/Unterschrift)

Bestätigung und Dank

Herr/Frau _______________________________

hat aktiv mitgearbeitet und unsere Arbeit unterstützt.

Organisation und Kurzbeschreibung:

____

____

Umfang:

O täglich   O wöchentlich   O monatlich

O ganzjährig O projektbezogen

O insgesamt _______________ Stunden

O Zeitraum von ___________ bis ___________

Beschreibung der Tätigkeit:

____

____

____

Erworbene Fähigkeiten / Fortbildung:

____

____

____

Organisation (Datum + Stempel/Unterschrift)

Bestätigung und Dank

Herr/Frau _______________________________

hat aktiv mitgearbeitet und unsere Arbeit unterstützt.

Organisation und Kurzbeschreibung:

____

____

Umfang:

O täglich   O wöchentlich   O monatlich

O ganzjährig O projektbezogen

O insgesamt _____________ Stunden

O Zeitraum von ___________ bis ___________

Beschreibung der Tätigkeit:

____

____

____

Erworbene Fähigkeiten / Fortbildung:

____

____

____

Organisation (Datum + Stempel/Unterschrift)

Bestätigung und Dank

Herr/Frau ___________________________

hat aktiv mitgearbeitet und unsere Arbeit unterstützt.

Organisation und Kurzbeschreibung:

____

____

Umfang:
O täglich   O wöchentlich   O monatlich
O ganzjährig O projektbezogen
O insgesamt ______________ Stunden
O Zeitraum von __________ bis __________

Beschreibung der Tätigkeit:

____

____

____

Erworbene Fähigkeiten / Fortbildung:

____

____

____

Organisation (Datum + Stempel/Unterschrift)

Bestätigung und Dank

Herr/Frau _______________________________

hat aktiv mitgearbeitet und unsere Arbeit unterstützt.

Organisation und Kurzbeschreibung:

____

____

Umfang:
O täglich   O wöchentlich   O monatlich
O ganzjährig O projektbezogen
O insgesamt _______________ Stunden
O Zeitraum von ___________ bis ___________

Beschreibung der Tätigkeit:

____

____

____

Erworbene Fähigkeiten / Fortbildung:

____

____

____

Organisation (Datum + Stempel/Unterschrift)

Bestätigung und Dank

Herr/Frau ___________________________________

hat aktiv mitgearbeitet und unsere Arbeit unterstützt.

Organisation und Kurzbeschreibung:

____

____

Umfang:
O täglich   O wöchentlich   O monatlich
O ganzjährig O projektbezogen
O insgesamt ______________ Stunden
O Zeitraum von ___________ bis ___________

Beschreibung der Tätigkeit:

____

____

____

Erworbene Fähigkeiten / Fortbildung:

____

____

____

Organisation (Datum + Stempel/Unterschrift)

Bestätigung und Dank

Herr/Frau _______________________________

hat aktiv mitgearbeitet und unsere Arbeit unterstützt.

Organisation und Kurzbeschreibung:

____

____

Umfang:

O täglich   O wöchentlich   O monatlich
O ganzjährig O projektbezogen
O insgesamt _______________ Stunden
O Zeitraum von ___________ bis ___________

Beschreibung der Tätigkeit:

____

____

____

Erworbene Fähigkeiten / Fortbildung:

____

____

____

Organisation (Datum + Stempel/Unterschrift)

Bestätigung und Dank

Herr/Frau __________________________________

hat aktiv mitgearbeitet und unsere Arbeit unterstützt.

Organisation und Kurzbeschreibung:

____

____

Umfang:
O täglich   O wöchentlich   O monatlich
O ganzjährig O projektbezogen
O insgesamt ______________ Stunden
O Zeitraum von __________ bis __________

Beschreibung der Tätigkeit:

____

____

____

Erworbene Fähigkeiten / Fortbildung:

____

____

____

Organisation (Datum + Stempel/Unterschrift)

Bestätigung und Dank

Herr/Frau _______________________________

hat aktiv mitgearbeitet und unsere Arbeit unterstützt.

Organisation und Kurzbeschreibung:

____

____

Umfang:

O täglich   O wöchentlich   O monatlich
O ganzjährig O projektbezogen
O insgesamt _______________ Stunden
O Zeitraum von ___________ bis ___________

Beschreibung der Tätigkeit:

____

____

____

Erworbene Fähigkeiten / Fortbildung:

____

____

____

Organisation (Datum + Stempel/Unterschrift)

Bestätigung und Dank

Herr/Frau _______________________________

hat aktiv mitgearbeitet und unsere Arbeit unterstützt.

Organisation und Kurzbeschreibung:

____

____

Umfang:

O täglich   O wöchentlich   O monatlich
O ganzjährig O projektbezogen
O insgesamt _______________ Stunden
O Zeitraum von ___________ bis ___________

Beschreibung der Tätigkeit:

____

____

____

Erworbene Fähigkeiten / Fortbildung:

____

____

____

Organisation (Datum + Stempel/Unterschrift)

Bestätigung und Dank

Herr/Frau ___________________________

hat aktiv mitgearbeitet und unsere Arbeit unterstützt.

Organisation und Kurzbeschreibung:

____

____

Umfang:

O täglich   O wöchentlich   O monatlich

O ganzjährig O projektbezogen

O insgesamt _______________ Stunden

O Zeitraum von ___________ bis ___________

Beschreibung der Tätigkeit:

____

____

____

Erworbene Fähigkeiten / Fortbildung:

____

____

____

Organisation (Datum + Stempel/Unterschrift)

Bestätigung und Dank

Herr/Frau ________________________________

hat aktiv mitgearbeitet und unsere Arbeit unterstützt.

Organisation und Kurzbeschreibung:

____

____

Umfang:

O täglich   O wöchentlich   O monatlich
O ganzjährig O projektbezogen
O insgesamt _____________ Stunden
O Zeitraum von __________ bis __________

Beschreibung der Tätigkeit:

____

____

____

Erworbene Fähigkeiten / Fortbildung:

____

____

____

Organisation (Datum + Stempel/Unterschrift)

Bestätigung und Dank

Herr/Frau _______________________________

hat aktiv mitgearbeitet und unsere Arbeit unterstützt.

Organisation und Kurzbeschreibung:

____

____

Umfang:
O täglich   O wöchentlich   O monatlich
O ganzjährig O projektbezogen
O insgesamt _______________ Stunden
O Zeitraum von ___________ bis ___________

Beschreibung der Tätigkeit:

____

____

____

Erworbene Fähigkeiten / Fortbildung:

____

____

____

Organisation (Datum + Stempel/Unterschrift)

Bestätigung und Dank

Herr/Frau ______________________________

hat aktiv mitgearbeitet und unsere Arbeit unterstützt.

Organisation und Kurzbeschreibung:

____

____

Umfang:
O täglich   O wöchentlich   O monatlich
O ganzjährig O projektbezogen
O insgesamt ______________ Stunden
O Zeitraum von __________ bis __________

Beschreibung der Tätigkeit:

____

____

____

Erworbene Fähigkeiten / Fortbildung:

____

____

____

Organisation (Datum + Stempel/Unterschrift)

Bestätigung und Dank

Herr/Frau _______________________________________

hat aktiv mitgearbeitet und unsere Arbeit unterstützt.

Organisation und Kurzbeschreibung:

____

____

Umfang:
O täglich   O wöchentlich   O monatlich
O ganzjährig O projektbezogen
O insgesamt _______________ Stunden
O Zeitraum von ___________ bis ___________

Beschreibung der Tätigkeit:

____

____

____

Erworbene Fähigkeiten / Fortbildung:

____

____

____

Organisation (Datum + Stempel/Unterschrift)

Bestätigung und Dank

Herr/Frau ________________________________

hat aktiv mitgearbeitet und unsere Arbeit unterstützt.

Organisation und Kurzbeschreibung:

____

____

Umfang:

O täglich   O wöchentlich   O monatlich
O ganzjährig O projektbezogen
O insgesamt _____________ Stunden
O Zeitraum von ___________ bis ___________

Beschreibung der Tätigkeit:

____

____

____

Erworbene Fähigkeiten / Fortbildung:

____

____

____

Organisation (Datum + Stempel/Unterschrift)

Bestätigung und Dank

Herr/Frau _____________________________

hat aktiv mitgearbeitet und unsere Arbeit unterstützt.

Organisation und Kurzbeschreibung:

____

____

Umfang:

O täglich   O wöchentlich   O monatlich
O ganzjährig O projektbezogen
O insgesamt _____________ Stunden
O Zeitraum von __________ bis __________

Beschreibung der Tätigkeit:

____

____

____

Erworbene Fähigkeiten / Fortbildung:

____

____

____

Organisation (Datum + Stempel/Unterschrift)

Bestätigung und Dank

Herr/Frau ________________________________

hat aktiv mitgearbeitet und unsere Arbeit unterstützt.

Organisation und Kurzbeschreibung:

____

____

Umfang:

O täglich   O wöchentlich   O monatlich
O ganzjährig O projektbezogen
O insgesamt _______________ Stunden
O Zeitraum von ____________ bis ____________

Beschreibung der Tätigkeit:

____

____

____

Erworbene Fähigkeiten / Fortbildung:

____

____

____

Organisation (Datum + Stempel/Unterschrift)

Bestätigung und Dank

Herr/Frau _________________________________

hat aktiv mitgearbeitet und unsere Arbeit unterstützt.

Organisation und Kurzbeschreibung:

____

____

Umfang:
O täglich   O wöchentlich   O monatlich
O ganzjährig O projektbezogen
O insgesamt _______________ Stunden
O Zeitraum von ___________ bis ___________

Beschreibung der Tätigkeit:

____

____

____

Erworbene Fähigkeiten / Fortbildung:

____

____

____

Organisation (Datum + Stempel/Unterschrift)

Bestätigung und Dank

Herr/Frau _______________________________

hat aktiv mitgearbeitet und unsere Arbeit unterstützt.

Organisation und Kurzbeschreibung:

____

____

Umfang:
O täglich   O wöchentlich   O monatlich
O ganzjährig O projektbezogen
O insgesamt _______________ Stunden
O Zeitraum von ___________ bis ___________

Beschreibung der Tätigkeit:

____

____

____

Erworbene Fähigkeiten / Fortbildung:

____

____

____

Organisation (Datum + Stempel/Unterschrift)

Bestätigung und Dank

Herr/Frau __________________________________

hat aktiv mitgearbeitet und unsere Arbeit unterstützt.

Organisation und Kurzbeschreibung:

____

____

Umfang:
O täglich   O wöchentlich   O monatlich
O ganzjährig O projektbezogen
O insgesamt _______________ Stunden
O Zeitraum von ___________ bis ___________

Beschreibung der Tätigkeit:

____

____

____

Erworbene Fähigkeiten / Fortbildung:

____

____

____

Organisation (Datum + Stempel/Unterschrift)

Bestätigung und Dank

Herr/Frau _______________________________

hat aktiv mitgearbeitet und unsere Arbeit unterstützt.

Organisation und Kurzbeschreibung:

____

____

Umfang:
O täglich   O wöchentlich   O monatlich
O ganzjährig O projektbezogen
O insgesamt _______________ Stunden
O Zeitraum von ___________ bis ___________

Beschreibung der Tätigkeit:

____

____

____

Erworbene Fähigkeiten / Fortbildung:

____

____

____

Organisation (Datum + Stempel/Unterschrift)

Bestätigung und Dank

Herr/Frau ___________________________

hat aktiv mitgearbeitet und unsere Arbeit unterstützt.

Organisation und Kurzbeschreibung:

____

____

Umfang:

O täglich   O wöchentlich   O monatlich
O ganzjährig O projektbezogen
O insgesamt _____________ Stunden
O Zeitraum von __________ bis __________

Beschreibung der Tätigkeit:

____

____

____

Erworbene Fähigkeiten / Fortbildung:

____

____

____

Organisation (Datum + Stempel/Unterschrift)

Bestätigung und Dank

Herr/Frau _________________________________

hat aktiv mitgearbeitet und unsere Arbeit unterstützt.

Organisation und Kurzbeschreibung:

____

____

Umfang:
O täglich   O wöchentlich   O monatlich
O ganzjährig O projektbezogen
O insgesamt _______________ Stunden
O Zeitraum von ___________ bis ___________

Beschreibung der Tätigkeit:

____

____

____

Erworbene Fähigkeiten / Fortbildung:

____

____

____

Organisation (Datum + Stempel/Unterschrift)

Bestätigung und Dank

Herr/Frau _______________________________________

hat aktiv mitgearbeitet und unsere Arbeit unterstützt.

Organisation und Kurzbeschreibung:

____

____

Umfang:
O täglich   O wöchentlich   O monatlich
O ganzjährig O projektbezogen
O insgesamt _______________ Stunden
O Zeitraum von ___________ bis ___________

Beschreibung der Tätigkeit:

____

____

____

Erworbene Fähigkeiten / Fortbildung:

____

____

____

Organisation (Datum + Stempel/Unterschrift)

Bestätigung und Dank

Herr/Frau _______________________________

hat aktiv mitgearbeitet und unsere Arbeit unterstützt.

Organisation und Kurzbeschreibung:

____

____

Umfang:
O täglich   O wöchentlich   O monatlich
O ganzjährig O projektbezogen
O insgesamt _______________ Stunden
O Zeitraum von ___________ bis ___________

Beschreibung der Tätigkeit:

____

____

____

Erworbene Fähigkeiten / Fortbildung:

____

____

____

Organisation (Datum + Stempel/Unterschrift)

84

Bestätigung und Dank

Herr/Frau _________________________________

hat aktiv mitgearbeitet und unsere Arbeit unterstützt.

Organisation und Kurzbeschreibung:

____

____

Umfang:

O täglich   O wöchentlich   O monatlich
O ganzjährig O projektbezogen
O insgesamt _____________ Stunden
O Zeitraum von __________ bis __________

Beschreibung der Tätigkeit:

____

____

____

Erworbene Fähigkeiten / Fortbildung:

____

____

____

Organisation (Datum + Stempel/Unterschrift)

Bestätigung und Dank

Herr/Frau _______________________________

hat aktiv mitgearbeitet und unsere Arbeit unterstützt.

Organisation und Kurzbeschreibung:

____

____

Umfang:
O täglich   O wöchentlich   O monatlich
O ganzjährig O projektbezogen
O insgesamt _______________ Stunden
O Zeitraum von ___________ bis ___________

Beschreibung der Tätigkeit:

____

____

____

Erworbene Fähigkeiten / Fortbildung:

____

____

____

Organisation (Datum + Stempel/Unterschrift)

Bestätigung und Dank

Herr/Frau _______________________________

hat aktiv mitgearbeitet und unsere Arbeit unterstützt.

Organisation und Kurzbeschreibung:

____

____

Umfang:
O täglich   O wöchentlich   O monatlich
O ganzjährig O projektbezogen
O insgesamt _______________ Stunden
O Zeitraum von ___________ bis ___________

Beschreibung der Tätigkeit:

____

____

____

Erworbene Fähigkeiten / Fortbildung:

____

____

____

Organisation (Datum + Stempel/Unterschrift)

Bestätigung und Dank

Herr/Frau ________________________________

hat aktiv mitgearbeitet und unsere Arbeit unterstützt.

Organisation und Kurzbeschreibung:

____

____

Umfang:

O täglich   O wöchentlich   O monatlich
O ganzjährig O projektbezogen
O insgesamt _____________ Stunden
O Zeitraum von _________ bis _________

Beschreibung der Tätigkeit:

____

____

____

Erworbene Fähigkeiten / Fortbildung:

____

____

____

Organisation (Datum + Stempel/Unterschrift)

Bestätigung und Dank

Herr/Frau _______________________________________

hat aktiv mitgearbeitet und unsere Arbeit unterstützt.

Organisation und Kurzbeschreibung:

____

____

Umfang:

O täglich   O wöchentlich   O monatlich
O ganzjährig O projektbezogen
O insgesamt _______________ Stunden
O Zeitraum von ___________ bis ___________

Beschreibung der Tätigkeit:

____

____

____

Erworbene Fähigkeiten / Fortbildung:

____

____

____

Organisation (Datum + Stempel/Unterschrift)

Bestätigung und Dank

Herr/Frau _______________________________

hat aktiv mitgearbeitet und unsere Arbeit unterstützt.

Organisation und Kurzbeschreibung:

____

____

Umfang:
O täglich   O wöchentlich   O monatlich
O ganzjährig O projektbezogen
O insgesamt ______________ Stunden
O Zeitraum von ___________ bis ___________

Beschreibung der Tätigkeit:

____

____

____

Erworbene Fähigkeiten / Fortbildung:

____

____

____

Organisation (Datum + Stempel/Unterschrift)

Bestätigung und Dank

Herr/Frau ____

hat aktiv mitgearbeitet und unsere Arbeit unterstützt.

Organisation und Kurzbeschreibung:

____

____

Umfang:
O täglich   O wöchentlich   O monatlich
O ganzjährig O projektbezogen
O insgesamt ________________ Stunden
O Zeitraum von ____________ bis ____________

Beschreibung der Tätigkeit:

____

____

____

Erworbene Fähigkeiten / Fortbildung:

____

____

____

Organisation (Datum + Stempel/Unterschrift)

Bestätigung und Dank

Herr/Frau __________________________

hat aktiv mitgearbeitet und unsere Arbeit unterstützt.

Organisation und Kurzbeschreibung:

____

____

Umfang:
O täglich   O wöchentlich   O monatlich
O ganzjährig O projektbezogen
O insgesamt _____________ Stunden
O Zeitraum von __________ bis __________

Beschreibung der Tätigkeit:

____

____

____

Erworbene Fähigkeiten / Fortbildung:

____

____

____

Organisation (Datum + Stempel/Unterschrift)

Bestätigung und Dank

Herr/Frau _________________________________

hat aktiv mitgearbeitet und unsere Arbeit unterstützt.

Organisation und Kurzbeschreibung:

____

____

Umfang:
O täglich   O wöchentlich   O monatlich
O ganzjährig O projektbezogen
O insgesamt ________________ Stunden
O Zeitraum von ___________ bis ___________

Beschreibung der Tätigkeit:

____

____

____

Erworbene Fähigkeiten / Fortbildung:

____

____

____

Organisation (Datum + Stempel/Unterschrift)

Bestätigung und Dank

Herr/Frau ___________________________________

hat aktiv mitgearbeitet und unsere Arbeit unterstützt.

Organisation und Kurzbeschreibung:

____

____

Umfang:
O täglich   O wöchentlich   O monatlich
O ganzjährig O projektbezogen
O insgesamt _____________ Stunden
O Zeitraum von __________ bis __________

Beschreibung der Tätigkeit:

____

____

____

Erworbene Fähigkeiten / Fortbildung:

____

____

____

Organisation (Datum + Stempel/Unterschrift)

Bestätigung und Dank

Herr/Frau __________________________________

hat aktiv mitgearbeitet und unsere Arbeit unterstützt.

Organisation und Kurzbeschreibung:

____

____

Umfang:

O täglich   O wöchentlich   O monatlich
O ganzjährig O projektbezogen
O insgesamt ______________ Stunden
O Zeitraum von ___________ bis __________

Beschreibung der Tätigkeit:

____

____

____

Erworbene Fähigkeiten / Fortbildung:

____

____

____

Organisation (Datum + Stempel/Unterschrift)

Bestätigung und Dank

Herr/Frau _______________________________

hat aktiv mitgearbeitet und unsere Arbeit unterstützt.

Organisation und Kurzbeschreibung:

____

____

Umfang:
O täglich   O wöchentlich   O monatlich
O ganzjährig O projektbezogen
O insgesamt _______________ Stunden
O Zeitraum von ___________ bis ___________

Beschreibung der Tätigkeit:

____

____

____

Erworbene Fähigkeiten / Fortbildung:

____

____

____

Organisation (Datum + Stempel/Unterschrift)

Bestätigung und Dank

Herr/Frau _______________________________

hat aktiv mitgearbeitet und unsere Arbeit unterstützt.

Organisation und Kurzbeschreibung:

____

____

Umfang:
O täglich   O wöchentlich   O monatlich
O ganzjährig O projektbezogen
O insgesamt _______________ Stunden
O Zeitraum von ___________ bis ___________

Beschreibung der Tätigkeit:

____

____

____

Erworbene Fähigkeiten / Fortbildung:

____

____

____

Organisation (Datum + Stempel/Unterschrift)

Bestätigung und Dank

Herr/Frau _______________________________

hat aktiv mitgearbeitet und unsere Arbeit unterstützt.

Organisation und Kurzbeschreibung:

____

____

Umfang:
O täglich   O wöchentlich   O monatlich
O ganzjährig O projektbezogen
O insgesamt _______________ Stunden
O Zeitraum von ___________ bis ___________

Beschreibung der Tätigkeit:

____

____

____

Erworbene Fähigkeiten / Fortbildung:

____

____

____

Organisation (Datum + Stempel/Unterschrift)

Bestätigung und Dank

Herr/Frau ________________________________

hat aktiv mitgearbeitet und unsere Arbeit unterstützt.

Organisation und Kurzbeschreibung:

____

____

Umfang:

O täglich   O wöchentlich   O monatlich
O ganzjährig O projektbezogen
O insgesamt ____________ Stunden
O Zeitraum von __________ bis __________

Beschreibung der Tätigkeit:

____

____

____

Erworbene Fähigkeiten / Fortbildung:

____

____

____

Organisation (Datum + Stempel/Unterschrift)

Bestätigung und Dank

Herr/Frau _________________________________

hat aktiv mitgearbeitet und unsere Arbeit unterstützt.

Organisation und Kurzbeschreibung:

____

____

Umfang:
O täglich   O wöchentlich   O monatlich
O ganzjährig O projektbezogen
O insgesamt _______________ Stunden
O Zeitraum von ___________ bis ___________

Beschreibung der Tätigkeit:

____

____

____

Erworbene Fähigkeiten / Fortbildung:

____

____

____

Organisation (Datum + Stempel/Unterschrift)

Bestätigung und Dank

Herr/Frau _______________________________

hat aktiv mitgearbeitet und unsere Arbeit unterstützt.

Organisation und Kurzbeschreibung:

____

____

Umfang:
O täglich   O wöchentlich   O monatlich
O ganzjährig O projektbezogen
O insgesamt _______________ Stunden
O Zeitraum von ___________ bis ___________

Beschreibung der Tätigkeit:

____

____

____

Erworbene Fähigkeiten / Fortbildung:

____

____

____

Organisation (Datum + Stempel/Unterschrift)

Bestätigung und Dank

Herr/Frau __________________________________

hat aktiv mitgearbeitet und unsere Arbeit unterstützt.

Organisation und Kurzbeschreibung:

____

____

Umfang:

O täglich   O wöchentlich   O monatlich
O ganzjährig O projektbezogen
O insgesamt ______________ Stunden
O Zeitraum von __________ bis __________

Beschreibung der Tätigkeit:

____

____

____

Erworbene Fähigkeiten / Fortbildung:

____

____

____

Organisation (Datum + Stempel/Unterschrift)

Bestätigung und Dank

Herr/Frau ___________________________________

hat aktiv mitgearbeitet und unsere Arbeit unterstützt.

Organisation und Kurzbeschreibung:

____

____

Umfang:

O täglich   O wöchentlich   O monatlich

O ganzjährig O projektbezogen

O insgesamt ______________ Stunden

O Zeitraum von ___________ bis ___________

Beschreibung der Tätigkeit:

____

____

____

Erworbene Fähigkeiten / Fortbildung:

____

____

____

Organisation (Datum + Stempel/Unterschrift)

Bestätigung und Dank

Herr/Frau _______________________________

hat aktiv mitgearbeitet und unsere Arbeit unterstützt.

Organisation und Kurzbeschreibung:

____

____

Umfang:
O täglich   O wöchentlich   O monatlich
O ganzjährig O projektbezogen
O insgesamt ______________ Stunden
O Zeitraum von ___________ bis ___________

Beschreibung der Tätigkeit:

____

____

____

Erworbene Fähigkeiten / Fortbildung:

____

____

____

Organisation (Datum + Stempel/Unterschrift)

Bestätigung und Dank

Herr/Frau ___________________________________

hat aktiv mitgearbeitet und unsere Arbeit unterstützt.

Organisation und Kurzbeschreibung:

____

____

Umfang:

O täglich   O wöchentlich   O monatlich
O ganzjährig O projektbezogen
O insgesamt ______________ Stunden
O Zeitraum von ___________ bis ___________

Beschreibung der Tätigkeit:

____

____

____

Erworbene Fähigkeiten / Fortbildung:

____

____

____

Organisation (Datum + Stempel/Unterschrift)

Bestätigung und Dank

Herr/Frau ___________________________________

hat aktiv mitgearbeitet und unsere Arbeit unterstützt.

Organisation und Kurzbeschreibung:

____

____

Umfang:

O täglich   O wöchentlich   O monatlich
O ganzjährig O projektbezogen
O insgesamt _______________ Stunden
O Zeitraum von ___________ bis ___________

Beschreibung der Tätigkeit:

____

____

____

Erworbene Fähigkeiten / Fortbildung:

____

____

____

Organisation (Datum + Stempel/Unterschrift)

Bestätigung und Dank

Herr/Frau _______________________________

hat aktiv mitgearbeitet und unsere Arbeit unterstützt.

Organisation und Kurzbeschreibung:

____

____

Umfang:
O täglich   O wöchentlich   O monatlich
O ganzjährig O projektbezogen
O insgesamt _______________ Stunden
O Zeitraum von ___________ bis ___________

Beschreibung der Tätigkeit:

____

____

____

Erworbene Fähigkeiten / Fortbildung:

____

____

____

Organisation (Datum + Stempel/Unterschrift)